Faculté de Droit de Paris.

THÈSE
Pour la Licence.

L'acte public sur les matières ci-après sera soutenu,

le samedi 26 août 1854, à sept heures,

Par JEAN GRATRAUD, né à Aigre (Charente).

Président : M. DE PORTETS, Professeur.

Suffragants :

MM. BUGNET,	Professeurs.
MACHELARD,	
DURANTON,	Suppléants.
DEMANGEAT,	

Le Candidat répondra en outre aux questions qui lui seront faites sur les autres matières de l'enseignement.

PARIS.

VINCHON, FILS ET SUCCESSEUR DE Mme Ve BALLARD,
Imprimeur de la Faculté de Droit,
RUE J.-J. ROUSSEAU, 8.

1854.

3792

A MON PÈRE, A MA MÈRE.

JUS ROMANUM.

DE INTERDICTIS. — DE VI ET VI ARMATA. — UTI POSSIDETIS. — DE PRECARIO.

(Dig., xliii, 1, 16, 17 et 26.)

DE INTERDICTIS.

Dum stat formularum imperium , jus honorarium dupliciter viget ; aut enim generalem utilitatem amplectitur , et tunc regulas generales omnibus observandas ponit, quæ edicta, vocantur, aut contra ad speciales casus spectat, et inter duos ipse jubet, unde quos tunc jussus edit interdicta appellantur. Erant igitur olim interdicta formæ atque conceptiones verborum quibus prætor aut jubebat aliquid fieri aut fieri prohibebat.

Interdictorum divisiones diversæ sunt : interdicta aut de divinis rebus aut de humanis competunt ; hominum autem causa competunt, vel ad publicam utilitatem pertinentia, vel sui juris tuendi causa, vel officii tuendi causa, vel rei familiaris.

Interdictorum quædam in præsens , quædam in præteritum referuntur ; quædam annalia, quædam perpetua sunt ; alia directo adversus eum dantur contra quem competunt, alia noxalia dicuntur. Quædam simplicia in quibus alter ex ligatoribus actor est, alter reus; quædam duplicia in quibus uterque rei simul et actoris partes sustinet.

Summa autem divisio interdictorum, ait Justinianus, hæc est, quod aut prohibitoria sunt, aut restitutoria, aut exhibitoria; sunt tamen quædam interdicta et mixta quæ et prohibitoria sunt et exhibitoria.

Altera majoris momenti divisio ex diverso fine ad quem dantur petitur, interdicta enim quæ ad rem familiarem spectant, aut adipiscendæ possessionis causa aut retinendæ, aut recuperandæ comparata sunt; sunt quoque interdicta duplicia tam recuperandæ quam adipiscendæ possessionis.

Nunc videamus quæ communia sunt omnibus interdictis.

Interdicta omnia, licet in rem videantur concepta, vi tamen ipsa personalia sunt. Enim vero in interdictis actor non principaliter intendit aliquid suum esse, sed adversarium restituere, exhibere, pati aliquid oportere : quæ intentio est actionum in personam.

Neque unde vi, neque aliud interdictum famosum est.

Denique ratio fructuum generaliter in interdictis habetur, ex quo edita sunt, non retro.

Justiniani temporibus, cum in omnibus judiciis extraordinem jus dicatur, non est necesse reddi interdictum : sed perinde judicatur sine interdictis, ac si utilis actio ex causa interdicti reddita fuisset.

DE VI ET VI ARMATA.

Duo interdicta ei qui vi dejectus est, ad recuperandam possessionem, proponuntur : alterum de vi simpliciter seu de vi quotidiana, cum sine armis quis de possessione rei soli dejectus est; alterum de vi armata, cum res soli armis occupata est.

Interdictum de vi nulli competit nisi et qui tunc cum dejiceretur possidebat; sed quod servus, vel procurator, vel colonus tenent, dominus videtur possidere, et ideo, his dejectis, ipse dejici de possessione videtur. Cæterum, sive corpore, sive naturaliter, huic interdicto locus est.

In vi quotidiana non satis est docere se cum possideret esse dejectum, nisi doceat ita se possedisse, ut nec vi, nec clam, nec precario ab adversario possideret. Cæterum non videtur vi possidere qui eum a quo dejiciebatur illico in ipso congressu dejecit; unde, etsi postea ab illo dejiciatur, hoc interdicto uti poterit.

Non ad res mobiles hoc interdictum pertinet, nisi si rei soli accedunt.

Præter eum qui vi dejectus est, hoc interdictum et hæredi et cæteris successoribus competit, adversus eum qui vi dejecit vel qui mandavit, vel jussit ut aliquis dejiceretur, vel qui quod alius dejecerit ratum habuit; si familia mea ex voluntate mea dejecerit, ego videor dejecisse, familia autem appellatione servi et ei quos loco servorum habemus continentur. Non datur in hæredem hoc interdictum, sed hæres debebit in factum actionem suscipere, id quod ad se pervenit, dolove malo suo factum est quominus perveniret.

Qui vi dejectus est, quidquid damni senserit ob hoc quod dejectus est, recuperare debet, idcirco is qui vi dejecit quique vi sine dolo malo desierit possidere, hoc interdicto tenetur; non solum fructuum et cæterarum utilitatum ratio habenda est, verum tanti etiam condemnatio facienda est, quanti intersit possidere.

Interdictum de vi quotidiana intra annum datur, et annus in hoc interdicto utilis est, et post annum in id quod pervenit ad eum qui prohibuit.

Nunc discrimina quibus ab interdicto de vi quotidiana differt interdictum de vi armata videamus.

Ut interdicto de vi armata locus sit non sufficit aliquem fuisse simpliciter vi dejectum, oportet armis fuisse dejectum; arma sunt omnia tela, hoc est, et fustes et lapides. Si qui armati venerunt, et si armis non usi sunt ad dejiciendum, sed dejecerunt, armata vis facta esse videtur, sufficit enim terror armorum ut videantur armis dejecisse.

In interdicto de vi armata non requiritur ut is, cui vis facta est, ullatenus possideret; ita nec requiritur ut nec vi, nec clam, nec precario possiderit ab eo a quo armis dejectus est.

Datur hoc interdictum etiam adversus parentem et patronum.

Videtur perpetuum fuisse.

UTI POSSIDETIS.

Hoc interdictum prohibitorium est, ad retinendam possessionem, et ne vis fiat ei qui possidet, redditur. Huic interdicto locus est quoties ab utroque parte de proprietate alicujus rei controversia est, et ante quæritur uter ex litigatoribus possidere, et uter petere debeat.

Hoc interdictum de soli possessore scriptum est; et locum habebit in omnibus possessionibus quæ sunt soli; dummodo possideri possit.

Datur ei qui, sive civiliter, sive naturaliter litis contestationis tempore (olim vero interdicti tempore) possidet; si modo nec vi, nec clam, nec precario ab eo cum quo contendit possidet, etiam si ita possideat a quovis alio; justa enim an injusta adversus cæteros possessio sit nihil refert, qualiscumque enim possessor, hoc ipso quod possessor est, plus juris habet quam ille qui non possidet.

Controversia etiam alicui super possessione fieri videtur, et

huic interdicto locus est : cum re sua uti arbitrio suo quis pro-
hibetur. Omnibus autem qui custodiæ causa missi sunt in possessionem non patet hoc interdictum, quia non possident.

In hoc interdicto condemnationis summa refertur ad rei ip-
sius æstimationem, id est quanti uniuscujusque interesset possessionem retinere.

DE PRECARIO.

Precarium est quod precibus petenti utendum conceditur,
tamdiu, quamdiu is qui concessit, patitur.

Non solum res soli, sed res etiam mobiles, et ea quæ in jure
consistunt precario concedi possunt.

Precaria possessio constitui potest, vel inter præsentes, vel
inter absentes, veluti per epistolam, vel per nuntium ; etiam
tacite, veluti si quis precario ad tempus rogaverit, finito tempore;
etiamsi ad hoc temporis non rogaverit, tamen precario possidere
videtur; intelligitur enim dominus cum patitur, cum qui precario rogaverit possidere, rursus precario concedere.

Is qui precario habet, possidet; sed hoc intelligitur de eo
nempe qui precario rogavit ut possideret, is autem qui usum
duntaxat rei rogavit non possidet.

In quatuor casibus solvitur precarium : 1° si ad certum
tempus constitutum est, hujus lapsu ; 2° si ad certam conditio-
nem, conditione adveniente ; 3° si is qui precario possidebat,
ex alia causa rem possidere aut in ejus possessione esse cœ-
perit; 4° morte ejus qui rogavit, non vero morte ejus qui concessit.

De precario interdictum restitutorium est ; precarium
revocare volenti datur. Sed ei a quo quis rogavit ut precario
haberet competit non ei cujus res est, adversus eum autem
qui precario habet, non utique adversus eum qui rogavit.

Is quoque hoc interdicto tenetur qui dolo aut lata culpa fecit ut habere desineret; heres ejus qui precario rogavit tenetur quemadmodum ipse ex dolo autem defuncti hactenus, quatenus ad eum pervenit.

Ex hoc interdicto res restitui debet in pristinam causam; quod si non fuerit factum, condemnatio in tantum fiet, quanti interfuit actoris, ei rem restitui ex eo tempore ex quo interdictum editum est; ergo et fructus ex die interdicti editi præstabuntur.

Hoc interdictum et post annum competere potest.

POSITIONES.

I. Interdicta quædam sunt recuperandæ simul et adipiscendæ possessionis causa.

II. Unde vi interdictum fructuario competit si uti-frui prohibitus est.

III. Unde vi in interdicto principio locus est : in maleficio ratihabitio mandato comparatur.

IV. Precarium consistere rei suæ potest.

V. Solvitur precarium morte ejus qui rogavit, non vero morte ejus qui concessit.

VI. Eum qui fugatus est, supervenientibus quibusdam, si illi vi occupaverunt possessionem, videri vi dejectum dicendum est.

DROIT FRANÇAIS.

DE LA PRESCRIPTION.

(Code Nap., liv. iii, tit. 20, art. 2219-2281.)

CHAPITRE Iᵉʳ.

DISPOSITIONS GÉNÉRALES.

La prescription remonte au temps les plus reculés ; elle a dû suivre de près l'établissement de la propriété. L'existence de la prescription nous est révélée dans différents passages des anciens auteurs et notamment dans Démosthènes : on voit, dans son plaidoyer pour Phormion, qu'il oppose une fin de non recevoir tirée d'une prescription établie par les lois de Solon. La prescription était, sous le nom d'usucapion, rangée par le droit romain parmi les manières d'acquérir la propriété. Introduite par la loi des Douze-Tables, l'usucapion donnait le domaine quiritaire des choses *mancipi* livrées par tradition et faisait acquérir la propriété transférée *a non domino*. Au bout d'un an,

3792

pour les meubles, et de deux ans pour les immeubles, le possesseur devenait propriétaire d'après le droit civil. Mais l'usucapion ne s'appliquait pas aux immeubles des provinces, ni en général aux choses incorporelles. Pour combler ces lacunes, la prescription fut inventée par le droit prétorien. Après dix ans, entre présents, ou vingt ans entre absents, le possesseur de bonne foi fut à l'abri de toute recherche ; la prescription *longi temporis* n'était alors qu'une simple exception, une restriction mise en tête de la formule *præ scriptio*, à la faculté de condamner ; elle n'était que libératoire. L'action en revendication utile, en la rendant acquisitive, la rapprocha dans la suite de l'usucapion, et ces deux droits tendaient à se confondre lorsque Justinien les mêla et les modifia l'une par l'autre. Elles ne formèrent plus dès-lors qu'une manière d'acquérir s'accomplissant par dix ou vingt ans de possession pour les immeubles, et par trois ans pour les meubles. Enfin, par une grande innovation, une prescription de trente ans, appelée *longissimi temporis*, défendit les possessions même vicieuses et sans titre, et Théodose limita à ce délai la durée des actions personnelles, autrefois imprescriptibles. Toutefois, cette prescription n'était qu'un moyen de conserver la possession et ne la faisait pas acquérir ; le possesseur dépouillé était sans action. Quant aux droits qui échappaient à la prescription trentenaire, une prescription de quarante ans les atteignit sous les empereurs. Une prescription de cent ans fut même établie au profit de l'Eglise.

Notre ancienne jurisprudence a adopté presque sans modification les règles du droit romain. Arrivons donc au Code Napoléon, et cherchons d'abord à montrer l'utilité et la légitimité de la prescription.

A la seule idée de prescription, il semble que l'équité doive s'alarmer, il semble qu'elle doive repousser celui qui, par le seul fait de la possession, et sans le consentement du propriétaire, prétend se mettre à sa place, ou qu'elle doive condamner celui qui, appelé à remplir son engagement d'une date plus ou moins reculée, ne présente aucune preuve de sa libération. Peut-on opposer la prescription et ne point paraître dans le premier cas un spoliateur et dans le second un débiteur de mauvaise foi qui s'enrichit de la perte du créancier? Cependant, loin d'être un écueil où la justice soit forcée d'échouer, la prescription est une sauvegarde du droit de propriété; le temps, qui détruit les actes publics ou privés, ne fait qu'établir et justifier de plus en plus le droit du possesseur. La nature n'a point elle-même établi la propriété des biens et en particulier celle des terres, elle approuve seulement cette introduction pour l'avantage du genre humain; dès lors il serait absurde de dire que, le domaine et la propriété une fois établis, la loi naturelle puisse assurer au propriétaire quelque droit capable de porter le trouble dans la société humaine; il ne faut pas concevoir la propriété comme un droit si étendu et tellement inadmissible qu'on puisse le négliger absolument pendant longtemps, au risque de tous les inconvénients qui en pourront résulter dans la société humaine, pour le faire valoir ensuite suivant son caprice. La possession étant naturellement liée au droit de propriété, il est juste qu'on présume que, comme c'est en effet le maître qui doit posséder, celui qui possède doit être le maître, et que l'ancien propriétaire n'a pas été privé de sa possession sans de justes causes. Le législateur s'est efforcé de trouver les règles qui puissent le moins compromettre le droit réel de propriété. Si quelquefois l'équité se trouve blessée, ce ne peut être que dans des cas particuliers, la justice générale est rendue, et dès lors les intérêts privés qui peuvent être lésés doivent céder à la nécessité de maintenir l'ordre social. Que si la mauvaise foi abuse de la prescription pour couvrir une usurpation ou un vol, il faudra dire : La morale est pour la vertu, la loi est pour la paix.

Le Code définit la prescription : un moyen d'acquérir ou de se libérer par un certain laps de temps, et sous les conditions déterminées par la loi. Cette définition présente la prescription sous un jour peu favorable, elle eût été mieux définie : la présomption légale d'une cause légitime d'acquisition ou de libération.

La loi distingue deux espèces de prescriptions : la prescription acquisitive et la prescription libératoire. La prescription acquisitive est la présomption légale d'une cause légitime d'acquisition, et la prescription libératoire est la présomption légale d'une cause de libération.

En matière civile, la prescription, qu'elle soit acquisitive ou libératoire, n'opère pas ses effets de plein droit, elle doit être invoquée par la partie, les juges ne peuvent la suppléer d'office, c'est à la partie qui a droit de l'invoquer à consulter sa conscience pour décider si elle doit ou non y recourir. Les juges ne peuvent point suppléer d'office le moyen résultant de la prescription même dans l'intérêt d'un incapable ou d'un absent, le ministère public, au contraire, a qualité à cet effet. En matière criminelle, la prescription est d'ordre public, les juges doivent acquitter l'accusé lorsque le crime pour lequel il est poursuivi est prescrit.

On peut renoncer à la prescription acquise, mais on ne peut pas renoncer d'avance à la prescription, car, s'il avait été permis de renoncer d'avance à la prescription, la clause de renonciation serait devenue de style dans les contrats, et le but du législateur eût été manqué. On peut renoncer à ce que l'on a d'acquis dans une prescription commencée, c'est-à-dire que cette renonciation vaut comme interruption ; le temps antérieur ne compte pas, mais la prescription reprend son cours à la date de la renonciation. La renonciation est expresse ou tacite. Pour renoncer à une prescription, il faut être capable d'aliéner ; ici se présente la question de savoir si un tuteur dûment autorisé peut, au nom du mineur ou de l'interdit, renoncer à une prescription ; nous pensons qu'il ne peut pas renoncer à une prescription acquise, cette renonciation ne se concevant qu'autant qu'elle émane de la conscience de la personne directement intéressée, mais qu'il peut renoncer à une prescription commencée et non encore acquise, parce qu'il a pleine capacité pour payer, et que payer c'est reconnaître l'existence de la dette et par conséquent renoncer à la prescription.

La prescription peut être invoquée en tout état de cause, c'est-à-dire jusqu'à ce que le président ait déclaré que l'affaire est entendue, ou bien, dans les affaires où le ministère public parle comme partie jointe, jusqu'à ce qu'il ait donné ses conclusions, ou bien encore, dans les affaires qui s'instruisent par écrit, jusqu'à ce que l'affaire soit en état. La prescription qui n'a pas été invoquée devant le tribunal de première instance, peut l'être devant la Cour d'appel et ne peut pas l'être devant la Cour suprême, qui n'examine qu'une chose : si la loi a ou non été violée. La faculté d'opposer la prescription en tout état de cause suppose qu'on n'y a renoncé, ni expressément, ni tacitement ; les juges auront toujours à examiner si la renonciation ne résulte pas des moyens déjà présentés.

La prescription n'est pas un droit attaché uniquement à la personne du défendeur : il est accordé encore à ses créanciers et aux intéressés parmi lesquels on peut citer les cautions, le codébiteur solidaire, ceux auxquels le possesseur a consenti des droits réels sur l'immeuble qu'il était en voie de prescrire.

Les biens hors du commerce, par exemple les biens faisant partie du domaine public, les biens des départements et des communes, lorsque ces biens sont affectés à un usage public, ne peuvent appartenir à des particuliers et sont par conséquent imprescriptibles. La loi a déclaré aussi imprescriptibles les

biens des mineurs et des interdits pendant la minorité et l'inter-
diction.

CHAPITRE II.

DE LA POSSESSION.

Le Code définit la possession, la détention ou la jouissance
d'une chose ou d'un droit que nous tenons ou que nous exerçons par nous-mêmes , ou par un autre qui la tient ou
qui l'exerce en notre nom. Le sens que le mot possession
offre tout d'abord à l'esprit, est tel, qu'on est porté à croire
que les choses corporelles seules peuvent être possédées et
qu'on ne peut posséder que par soi ; mais, en droit romain, on
avait admis pour les droits une quasi possession produisant les
mêmes effets que la possession, et la possession du tiers qui détenait pour nous, étant précaire quant à nous, la loi nous re-
gardait comme le véritable possesseur ; c'est pourquoi le Code
dit que la possession est la détention ou la jouissance d'une
chose ou d'un droit que nous tenons ou que nous exerçons par
nous-mêmes ou par un autre qui la tient ou l'exerce en notre
nom.

La possession dont nous avons à nous occuper n'est pas
celle qui fait partie intégrante du droit de propriété , mais
c'est la possession en elle-même qui est un simple fait, tandis
que la propriété est un droit. Toutefois , par suite de certains
avantages, tels que ceux de faire présumer la propriété, de pro-
curer aux possesseurs les actions possessoires, de faire acquérir
la propriété par sa continuation, de donner instantanément la
propriété des choses *nullius* et de rendre siens pour celui qui
possède de bonne foi la chose d'autrui, les fruits de cette chose,

par suite, disons-nous, de certains avantages, la possession est
considérée comme un véritable droit.

Aujourd'hui, toutes les formes symboliques du droit romain
ayant disparu, il suffit que celui qui veut acquérir une chose
soit, par un fait quelconque, en position de s'en servir; ainsi
on possède un immeuble par cela seul qu'on possède les titres
de propriété. La volonté de posséder est évidemment une condition essentielle.

La possession se conserve *solo animo*, par la seule intention,
tant qu'une volonté contraire ne vient pas la détruire ou la rem-
placer. Remarquons, toutefois, que la possession intentionelle,
loin d'avoir les avantages de la possession corporelle résultant
d'actes de jouissance, ne peut conduire à la prescription parce
qu'elle n'est pas continue dans le sens de l'art. 2229.

La possession se perd par l'abandon volontaire du possesseur,
ou par le fait d'un tiers, quand ce tiers possède la chose, en
jouit et en retire les produits.

Arrivons aux différents caractères que doit avoir la possession
pour fonder la prescription.

Pour que la possession soit utile pour prescrire, il faut qu'elle
soit :

1° Continue; elle ne le serait pas si, une fois acquise, elle
était perdue ou abandonnée et reprise de nouveau. Il n'est pas
nécessaire cependant que le possesseur fasse sans cesse des actes
de jouissance s'ils ne sont pas trop éloignés les uns des autres.

2° Non interrompue; la non interruption de la possession se
lie à sa continuité, mais elle en diffère en ce que l'interruption
s'entend plus spécialement d'une discontinuité provenant du
fait d'autrui ou de la reconnaissance du possesseur. Nous nous
en occuperons plus longuement en traitant de l'interruption de
la prescription.

3° Paisible, c'est-à-dire exempte de violence, de contrainte.

Celui qui ne se· met en possession ou ne s'y maintient que par violence ne prescrit point. Ce vice, qui ne peut être invoqué que par celui qui a été violenté, est purgé dès que la violence a cessé.

4° Publique, c'est-à-dire non cachée aux intéressés et exercée au vu et su de tous ceux qui l'ont voulu voir et savoir. Le vice de clandestinité est purgé dès que la possession devient publique, et ne peut être invoqué que par celui qui n'a pas pu, parce qu'on la lui a cachée, connaître la possession qu'on lui oppose.

5° A titre de propriétaire, c'est ce qu'expriment les anciens auteurs en disant que la possession ne peut fonder la prescription si elle n'est exempte de précarité, c'est-à-dire si elle n'est exercée *animo domini*. Le vice de précarité peut être opposé par tous. Dans le doute sur le point de savoir si le détenteur a possédé *animo domini*, le détenteur, à moins de preuve contraire, est présumé avoir possédé pour lui. Quand on a commencé à posséder pour autrui, on est toujours présumé posséder au même titre. Celui qui possède et qui prouve avoir possédé anciennement est présumé avoir possédé dans les temps intermédiaires.

6° Non équivoque, c'est-à-dire non incertain, non douteux, soit en elle-même, soit dans l'un ou l'autre des caractères qu'elle doit avoir pour conduire à la prescription.

Les actes de pure faculté, c'est-à-dire les actes que la loi seule, ou la coutume, ou un statut local, donne la faculté de faire ou de ne pas faire, et les actes de simple tolérance et de familiarité, qui ne supposent que la permission tacite et révocable du propriétaire, ne peuvent fonder ni possession ni prescription.

Pour compléter la prescription, on peut joindre à sa possession celle de son auteur, de quelque manière qu'on lui ait succédé, soit à titre universel ou particulier, soit à titre lucratif ou onéreux. La possession se transmet légitimement d'une personne à une autre par succession, donation, legs, vente et échange ; par ces voies, l'on reçoit avec les choses la possession de ceux qui les détenaient, et, en la continuant, on peut achever la prescription. Le successeur à titre universel succède à la personne du défunt et non pas seulement à la chose ; il n'a que la même possession qu'avait le défunt, il la continue avec ses vices et ses qualités, de telle sorte que, si elle est vicieuse chez le défunt, elle se soutient vicieuse chez l'héritier ; réciproquement, si la possession était juste et de bonne foi chez le premier, elle se prolonge sur la tête du second, légale et pure de tout vice, quand bien même ce dernier viendrait à connaître que la chose appartient à autrui. Au contraire, le successeur à titre particulier n'est pas un successeur à la personne de celui qui lui a transmis la chose, il est seulement un successeur à cette chose ; il tire son titre de la possession de son contrat ou du legs qui lui a été fait, en sorte qu'il a une possession personnelle tout-à-fait indépendante de celle de son vendeur ou donateur. Le successeur à titre particulier a la faculté de joindre ou non à sa possession celle de son auteur, tandis que le successeur à titre universel ne peut pas séparer sa possession de celle de son auteur. De ce que nous venons de dire, il résulte que : 1° si l'auteur ne détenait que précairement, le successeur universel ne pourra jamais prescrire, tandis que le successeur particulier le pourra ; 2° si l'auteur était de mauvaise foi, la prescription trentenaire pourrait seule être invoquée par le successeur universel même de bonne foi, tandis que le successeur particulier de bonne foi pourrait prescrire par dix ou vingt ans ; 3° si l'auteur était de bonne foi et le successeur de mauvaise foi, ce dernier pourrait néanmoins prescrire par dix ou vingt ans, tandis que le successeur particulier de mauvaise foi ne pourrait, dans ce cas, prescrire que par trente ans.

CHAPITRE III.

DES CAUSES QUI EMPÊCHENT LA PRESCRIPTION.

Ceux qui possèdent pour autrui, dit l'art. 2236, ne prescrivent jamais par quelque laps de temps que ce soit. Ainsi, ajoute cet article, le fermier, le dépositaire, l'usufruitier et tous autres qui détiennent précairement la chose du propriétaire, ne peuvent la prescrire ; en effet, lorsqu'on possède pour autrui, loin d'acquérir pour son propre compte, on met en action la possession du propriétaire et l'on empêche la perte de son droit. L'art. 2237 ajoute que les héritiers des détenteurs précaires ne peuvent pas plus prescrire que leur auteur ; de là cette maxime : *Melius est non habere titulum quam vitiosum ostendere*. Il en est de même des légataires universels et de tous les possesseurs de biens à titre universel. Les détenteurs précaires peuvent prescrire lorsque leur titre a été interverti, soit par une cause venant d'un tiers, soit par la contradiction au droit du propriétaire. Il y a interversion fondée sur une cause venant d'un tiers quand le détenteur précaire fait des actes de propriétaire en vertu d'un titre nouveau translatif de propriété et qu'il tient de ce tiers ; l'interversion par la contradiction que le possesseur oppose au propriétaire a lieu quand le détenteur précaire résiste judiciairement ou extrajudiciairement à l'exercice du droit de celui pour lequel il possédait.

On ne peut pas prescrire contre son titre, c'est-à-dire qu'on ne peut pas se changer à soi-même la cause et le principe de sa possession ; il ne s'agit ici que de la prescription acquisitive et l'on peut prescrire contre son titre pour la prescription libératoire ; donc les détenteurs précaires peuvent prescrire les obligations personnelles que ce titre fait naître contre eux. La défense de prescrire contre son titre n'enlève pas le droit de prescrire au delà de son titre.

CHAPITRE IV.

DES CAUSES QUI INTERROMPENT OU QUI SUSPENDENT LE COURS DE LA PRESCRIPTION.

SECTION I.

Des causes qui interrompent le cours de la prescription.

Interrompre une prescription qui a déjà son cours, c'est lui apporter un obstacle qui rend inutile le temps écoulé et la force à recommencer comme si elle n'avait jamais eu de principe d'existence. L'interruption diffère de la suspension en ce que celle-ci laisse subsister la possession préexistante et ne fait que lui imprimer un point d'arrêt, de telle sorte que, lorsque la suspension cesse, le temps qui recommence à courir se lie avec le temps acquis au moment de la suspension et compte pour calculer le délai légal.

L'interruption est naturelle ou civile.

L'interruption naturelle résulte d'une cause physique; elle a lieu : 1° lorsqu'un possesseur est privé par un tiers de la jouissance de la chose pendant plus d'un an ; 2° lorsque le possesseur abandonne volontairement la possession. L'interruption naturelle ne s'applique pas à la prescription libératoire pour laquelle il n'y a pas de possession matérielle.

L'interruption civile résulte : 1° d'une demande en justice ; 2° d'un commandement ; 3° d'une saisie ; 4° d'une citation en conciliation suivie, dans le mois, de l'assignation ; 5° de la reconnaissance par le possesseur ou débiteur du droit du propriétaire ou créancier.

1° D'une demande en justice donnée contre le possesseur pour lui faire délaisser la chose, parce qu'alors, dit Pothier, la possession de ce dernier cesse d'être une possession sans inquiétation. Toute demande en justice, même reconventionnelle ou en intervention, interrompt la prescription. La demande en justice interrompt la prescription pour tout le temps qui précède cette demande et pour tout le temps qui la suit jusqu'au jugement ; la prescription nouvelle ne pourrait donc commencer que du jour du jugement. L'interruption occasionnée par une demande en justice est non avenue dans plusieurs cas indiqués par l'art. 2247.

A. Si l'assignation est nulle, par défaut de forme, et que la nullité ait été invoquée *in limite litis, quod nullum est nullum producit effectum*. Quoique la demande soit nulle pour incompétence du juge, l'interruption subsiste toujours lorsque la nullité de la demande est fondée sur l'incompétence, soit *ratione materiæ*, soit *ratione personæ*.

B. Si le demandeur se désiste de sa demande, la loi suppose ici qu'il se désiste, non pas de sa prétention, mais simplement de la procédure qu'il a commencée.

C. Si le demandeur laisse périmer l'instance, la péremption n'est qu'un désistement présumé.

D. Si la demande a été rejetée.

2° D'un commandement, le commandement interrompt la prescription. Si ce commandement n'a été suivi d'aucune procédure dans les trente ans, il est considéré comme non avenu, et la prescription n'a pas été interrompue ; la simple sommation n'interrompt pas la prescription. Aussitôt après le commandement fait, naît une prescription nouvelle.

3° D'une saisie. La saisie interrompt la prescription ; elle est utile pour interrompre la prescription qui a couru entre elle et le commandement, et dans le cas où un commandement n'est pas nécessaire pour opérer la saisie.

4° D'une citation en conciliation suivie de l'assignation dans le mois. La citation en conciliation n'a d'effets interruptifs que comme condition nécessaire d'une assignation légale ; sa validité dépend donc de la validité de l'assignation dans les délais légaux.

5° De la reconnaissance par le possesseur du droit du propriétaire, reconnaissance qui peut être expresse ou tacite et qui se prouve par les moyens de droit commun.

Terminons la matière des interruptions en remarquant que l'interruption naturelle a un effet absolu et que l'interruption civile est réglée par la règle *res inter alios acta aliis non nocet nec prodest*, excepté dans les cas de dettes solidaires, de dettes indivisibles et de dettes garanties par une caution.

SECTION II.

Des causes qui suspendent le cours de la prescription.

La prescription étant d'intérêt public doit, pour atteindre le but que s'est proposé le législateur, être généralisée autant que possible, de là l'art. 2251 : la prescription court contre toutes personnes, à moins qu'elles ne soient dans quelque exception établie par la loi.

La prescription est suspendue au profit :

1° Des interdits et des mineurs émancipés ou non, quand il s'agit des longues prescriptions, parce que la loi n'a pas voulu les rendre victimes de la négligence de leurs tuteurs.

2° Des femmes mariées, mais dans quatre cas seulement :

A. La prescription ne court pas contre la femme en ce qui

touche les immeubles dotaux inaliénables. Ces immeubles, quoique restant inaliénables, deviennent prescriptibles si la femme fait prononcer la séparation de biens. La prescription continuera si l'immeuble était en voie de se prescrire quand il est devenu dotal.

B. La prescription est encore suspendue au cas d'action qu'une femme commune ne peut exercer qu'après une option entre l'acceptation ou la répudiation de la communauté, et cette suspension dure autant que la communauté, tout cela pour que la femme ne soit pas obligée d'exercer constamment un contrôle sur l'administration de son mari pour se mettre à même de faire les actes interruptifs nécessaires.

C. Le troisième cas de suspension de la prescription, au profit de la femme, est celui de toute action qui serait de nature à réfléchir contre le mari, et cela parce que la femme ne pourrait défendre ses intérêts qu'en amenant la discorde dans son ménage.

D. Enfin la prescription ne court point contre la femme pendant toute la durée du mariage, pour ses actions en rescision des contrats qu'elle aurait consentis sans l'autorisation de son mari ou de justice, et cela parce que la femme aimerait mieux éprouver un préjudice que de divulguer cet acte de révolte contre la puissance maritale.

La prescription ne court pas :

1° Entre époux. Quant aux époux, disait M. Bigot de Préameneu, il ne peut y avoir de prescription entre eux ; il serait contraire à la nature de la société du mariage que les droits de chacun ne fussent pas, l'un à l'égard de l'autre, respectés et conservés ; l'union intime, qui fait leur bonheur, est en même temps si nécessaire à l'harmonie de la société, que toute occasion de la troubler est écartée par la loi. Cette exception dure

tant que la qualité d'époux subsiste, qu'il y ait ou non séparation de biens ou de corps.

2° Entre une succession et l'héritier qui l'a acceptée bénéfi-
ciairement, parce que l'héritier ne peut jouer en même temps le
rôle de demandeur et de défendeur.

La prescription est suspendue pour les créances, sous condition suspensive ou à terme, tant que la condition ou le terme
n'est pas arrivé. Le Code a restreint aux seules créances la suspension de la prescription, à raison du terme ou de la condition, et cela parce qu'en matière de droits réels l'art. 1180
donne le droit de faire, *pendente conditione*, tous les actes
conservatoires, tandis que, dans le cas d'une créance, le créancier ne peut pas demander, *pendente conditione*, payement à son
débiteur.

CHAPITRE V.

DU TEMPS REQUIS POUR PRESCRIRE.

La loi commence par poser cette règle générale : La prescription se compte par jours et non par heures, *de die ad diem et
non de momento ad momentum* ; on ne compte ni le *dies a quo* ni
le *dies ad quem*, on ne s'attache pas à l'inégalité des mois; enfin
on suit, pour le calcul, le calendrier grégorien, sans distinguer
entre les jours fériés et non fériés.

PRESCRIPTION TRENTENAIRE.

La prescription de trente ans est de droit commun, elle s'applique toutes les fois que la loi n'en a pas établi une plus
courte.

Toutes les actions réelles, personnelles et mixtes, sauf les exceptions prévues par la loi, et sous les conditions déterminées, sont prescrites par trente ans, sans que celui qui allègue cette prescription soit obligé de rapporter un titre ou qu'on puisse lui opposer l'exception tirée de la mauvaise foi.

Quant aux actions personnelles, l'inaction pendant trente ans de celui auquel elles appartiennent suffit pour la prescription quand il s'agit d'actions réelles , il faut , outre la condition de temps, que le défendeur ait une possession revêtue des caractères exigés.

Les arrérages de rente se prescrivent par cinq ans ; la rente, au contraire, ne se prescrit que par trente ans; mais, après ces trente ans, un débiteur de mauvaise foi, qui aurait payé régulièrement les arrérages et qui posséderait les quittances, seule preuve que les arrérages ont été payés, pourrait dire au créancier votre rente est prescrite. La loi vient au secours du créancier et l'autorise à exiger, après vingt-huit ans, un nouveau titre de son débiteur, et, en cas de refus, à l'assigner en reconnaissance de celui qu'il possède ; le jugement qu'il obtiendra servira de titre nouveau, la règle est la même pour les rentes perpétuelles et pour les rentes viagères.

PRESCRIPTION PAR DIX ET VINGT ANS.

Celui qui acquiert de bonne foi et par juste titre un immeuble en prescrit la propriété par dix ans, si le véritable propriétaire habite dans le ressort de la cour ; par vingt ans, s'il est domicilié hors dudit ressort.

Pour la prescription par dix ou vingt ans , trois conditions sont donc exigées : 1° juste titre, c'est-à-dire un titre non entaché de nullités de formes et de nullités d'ordre public, de sa nature translatif de propriété, non putatif, non conditionnel ; 2° la bonne foi , c'est-à-dire la croyance que l'aliénateur est propriétaire capable d'aliéner et que le titre de transmission est exempt de tout vice, même relatif, croyance qui, d'ailleurs, se présume toujours, et qui n'est exigée qu'au moment de l'acquisition ; 3° le délai de dix ou de vingt ans, suivant que le vrai propriétaire a ou non son domicile *de fait* dans le ressort de la Cour d'appel de la situation de l'immeuble. Si le propriétaire a habité successivement dans le ressort et hors du ressort de la situation de l'immeuble, il faut ajouter aux années de présence un nombre double de ce qui manque pour compléter les dix ans.

On peut acquérir par la prescription de dix ou vingt ans : 1° la pleine propriété des immeubles déterminés ; 2° l'usufruit des immeubles, ainsi que les droits d'usage et d'habitation ; 3° les servitudes réelles, pourvu qu'elles soient continues et apparentes, car elles sont rangées parmi les immeubles (526).

Disons, en finissant cette section, qu'il existe dans le Code trois prescriptions libératoires de dix ans ; la première est écrite dans l'art. 475. Le mineur, après dix ans, à compter de sa majorité, n'a plus droit d'intenter une action contre son tuteur pour les faits de sa tutelle. D'après l'art. 1304, la règle générale est que les actions en rescision des conventions est de dix ans. Enfin, après ce laps de temps, aux termes de l'art. 2270, les architectes et entrepreneurs sont déchargés de la garantie des gros ouvrages qu'ils ont faits ou dirigés.

DE QUELQUES PRESCRIPTIONS PARTICULIÈRES.

Nous allons parcourir rapidement les divers cas de prescription, appelées courtes prescriptions, par opposition aux longues prescriptions qui sont celles de trente, dix et vingt ans.

Nous rencontrons d'abord la prescription de six mois qui s'applique : 1° à l'action des maîtres et instituteurs des sciences

3792

et arts, pour les leçons qu'ils donnent au mois ; 2° à celle des hôteliers et traiteurs, à raison du logement et de la nourriture qu'ils fournissent, peu importe que la nourriture soit fournie au jour, au mois ou à l'année ; 3° à l'action des ouvriers et gens de travail pour le payement de leurs journées, fournitures et salaires.

La prescription d'un an régit, d'après l'art. 2272 : 1° les actions des médecins, chirurgiens, apothicaires, pour leurs visites, opérations, médicaments ; 2° l'action des huissiers pour le salaire de leurs actes ou commissions ; 3° l'action des marchands pour les objets qu'ils vendent à des personnes non marchandes, ou qui du moins ne les achètent pas pour en faire le commerce ; 4° l'action des maîtres de pension pour le prix de la pension de leurs élèves, des autres maîtres pour le prix de l'apprentissage ; 5° enfin l'action des domestiques qui se louent à l'année.

Deux actions se prescrivent par deux ans : 1° l'action des avoués pour leurs frais et salaires, à compter du jour où le procès est terminé ou réputé tel ; 2° l'action en remise des pièces confiées à un huissier pour les faire signifier ou mettre à exécution, à compter du jour de la signification de l'acte ou de son exécution.

Nous trouvons à la suite une prescription célèbre dont l'origine remonte à une ordonnance de 1510, rendue par Louis XII ; cette prescription régit les frais faits par les avoués dans les affaires non terminées (pour les affaires terminées, la prescription est de deux ans), ainsi que les actions en remise de pièces à intenter contre les avoués ou juges. Le point de départ des cinq ans est la fin du procès. Cette prescription régit encore les arrérages de rentes perpétuelles et viagères, ceux des pensions alimentaires, le loyer des maisons et le prix de ferme des biens ruraux, les intérêts des sommes prêtées, et généralement tout ce qui est payable par année ou à des termes périodiques plus courts.

Toutes les courtes prescriptions dont nous venons de parler courent contre les mineurs et les interdits, sauf recours contre leurs tuteurs.

Les prescriptions de six mois, un an, deux ans ou cinq ans, étant fondées sur la présomption de payement, la continuation des fournitures, travaux ou services, loin d'y mettre obstacle, la fortifient encore. Il y aura autant de prescriptions distinctes que de créances, et elles ne commenceront à courir qu'à l'époque convenue pour le payement.

La base de toutes ces prescriptions est que les créances qui en font l'objet ne sont pas constatées par écrit, aussi ne courent-elles plus lorsqu'il y a eu soit arrêté de compte, soit cédule, soit obligation. A partir du moment où l'un de ces actes aura eu lieu, on rentrera dans la prescription trentenaire. Ces courtes prescriptions ne seraient pas admises si, dès l'origine, le contrat avait été constaté par écrit. Elles ne courent pas aussi quand il y a eu citation en justice non périmée.

Une dernière disposition commune à toutes ces prescriptions, c'est que le créancier peut combattre la présomption de payement sur laquelle elles reposent, en déférant le serment à son débiteur ou à ses représentants. Le débiteur doit, dans ce cas, affirmer, sous peine d'être condamné, qu'il a payé la dette; son héritier peut se contenter de jurer qu'il ne sait pas que la chose est due.

DE LA PRESCRIPTION DES MEUBLES.

La prescription des meubles est régie par la règle : en fait de meubles, possession vaut titre; règle qui signifie qu'en fait de meubles, la prescription est instantanée, acquise par le seul fait de la possession.

La possession des meubles en rend propriétaire instantanément; mais sous quelles conditions produira-t-elle cet effet?

Deux conditions sont nécessaires : 1° possession de bonne foi ; 2° juste titre. Si le possesseur n'a pas de juste titre d'acquisition, il ne prescrit pas; en effet, ou il n'a pas l'*animum domini*, et alors la prescription est impossible, ou bien il possède en maître, et alors, étant de mauvaise foi, il ne peut prescrire que par trente ans.

La prescription instantanée de l'art. 2279 ne s'applique qu'aux meubles individuels, qui se transmettent de la main à la main, sans actes de transfert.

La loi fait une exception à la règle : en fait de meubles, possession vaut titre, pour les meubles perdus ou volés. Quand la chose est sortie des mains du propriétaire par perte ou par vol, le possesseur n'en acquiert la propriété qu'après trois ans, à compter de la perte ou du vol. Nous parlons ici du tiers acquéreur de la chose volée ou perdue, et non de celui qui aurait volé ou trouvé la chose, car alors il n'y a ni juste titre ni bonne foi, et dès lors la prescription trentenaire est seule possible.

Il est un cas néanmoins où l'action en revendication du propriétaire de la chose volée ou perdue n'est pas admise, c'est celui où le possesseur de la chose l'a acquise de bonne foi dans une foire, dans un marché, ou de personnes vendant des choses semblables. Le propriétaire ne peut revendiquer qu'en remboursant à l'acquéreur le prix que lui a coûté la chose.

DES ACTIONS POSSESSOIRES.

On reconnaît dans notre droit deux grandes classes d'actions : les actions pétitoires et les actions possessoires.

Dans l'action pétitoire, on demande la possession en qualité de propriétaire;

Dans l'action possessoire, on demande la possésion en qualité de possesseur.

On distingue deux grandes classes d'actions possessoires : la réintégrande et la complainte.

La réintégrande est l'action possessoire par laquelle le possesseur spolié, expulsé, conclut contre l'auteur de la spoliation à la restitution de la chose qui lui a été ravic.

La complainte est l'action possessoire intentée par un possesseur qui a été inquiété, troublé dans la possession de la chose; le trouble peut être de fait ou de droit; de fait, si par exemple des bornes ont été déplacées; de droit, si le tiers a sommé, je suppose, les locataires ou fermiers de payer entre ses mains.

Quant à la dénonciation de nouvel œuvre, dont parle la loi du 25 mai 1838, elle n'est rien autre chose qu'une variété de la complainte.

Les actions possessoires s'appliquent, tant aux immeubles par leur nature, qu'aux immeubles par destination, pourvu que ces derniers ne soient pas séparés des fonds auxquels ils sont destinés. S'appliquent-elles aux servitudes et à l'usufruit?

Les servitudes continues et apparentes, étant soumises à la prescription, sont soumises aux actions possessoires. A l'égard des servitudes discontinues ou continues non apparentes, nous pensons que, se refusant à l'acquisition par prescription et exercées le plus souvent à titre de tolérance, elles ne peuvent donner lieu à une action possessoire.

Quant à ce qui regarde les meubles, la règle générale est que l'action possessoire ne leur est pas applicable; la raison se trouve dans l'art. 2279 : en fait de meubles, possession vaut titre.

Dans l'ordonnance de 1667, et dans plusieurs coutumes, on reconnaissait au possesseur d'une succession mobilière le droit d'exercer une complainte; aucun texte n'est venu abroger cette doctrine : donc elle est encore en vigueur, donc les actions possessoires s'appliquent aux universalités de meubles.

Les actions possessoires, d'après l'art. 23 du Code de procédure, ne sont recevables qu'autant qu'elles sont formées dans l'année du trouble, et que celui qui les intente possède depuis une année au moins, par lui ou les siens, paisiblement et à titre non précaire : cet article doit être complété par l'art. 2229 du Code Napoléon; la possession doit donc, en outre, être continue et non interrompue, publique et non équivoque. Ainsi, le demandeur au possessoire a deux choses à prouver : 1° qu'il a été spolié ou troublé ; 2° qu'il a la possession légale. Mais lorsqu'il est parvenu à les prouver, il doit nécessairement être rétabli ou maintenu dans sa possession, même quand l'auteur de la spoliation ou du trouble serait le propriétaire lui-même.

Examinons maintenant les règles de procédure auxquelles les actions possessoires sont assujetties.

Les actions possessoires sont de la compétence des juges de paix qui les connaissent à charge d'appel; leur objet ne pouvant être évalué en argent, est en effet d'une valeur indéterminée. Le juge de paix n'a que deux choses à examiner : l'existence du trouble ou de la spoliation, et la légalité de la possession du demandeur. Ces deux questions seront ordinairement résolues à l'aide d'une enquête; mais cette enquête ne pourra jamais porter sur la question de propriété du fonds, question absolument étrangère à la matière du débat possessoire.

Les autres articles de ce titre reposent sur cette maxime : *spoliatus ante omnia restituendus*. C'est en partant de cette idée que la loi décide (25) que le pétitoire et le possessoire ne seront jamais cumulés, ce qui veut dire, non pas seulement que le juge de paix saisi du possessoire ne pourra pas s'occuper en même temps de la question du pétitoire, car cette question n'est pas de sa compétence ; mais encore que, tant que la question possessoire ne sera pas entièrement vidée, soit en première instance, soit en appel , aucun tribunal, quel qu'il soit, ne pourra être saisi de la question de propriété. La différence entre les deux juridictions ne fait pas que ces deux actions puissent marcher de front.

D'ailleurs nous allons voir quelques cas d'application de cet article important dans les art. 26 et 27. Ainsi, celui qui intente une action pétitoire ne sera plus recevable à intenter une action possessoire ou à donner suite à l'action possessoire qu'il a antérieurement intentée (26). En abdiquant le rôle de défendeur au pétitoire, principal avantage qu'obtient celui qui triomphe dans une action possessoire, il fait présumer qu'il renonce à l'action possessoire, et qu'il reconnaît que l'adversaire est le véritable possesseur ; de son côté, le défendeur au possessoire, c'est-à-dire l'auteur du trouble ou de la violence, ne pourra se pourvoir au pétitoire, tant que l'action possessoire qu'aurait portée, même après l'action pétitoire intentée , le possesseur dépouillé ou troublé, n'aura pas été décidée (27).

La haine du législateur contre l'auteur d'une voie de fait va même si loin que, contrairement aux principes généraux, celui qui l'a commise et qui a succombé dans l'action possessoire ne pourra se pourvoir au pétitoire qu'après qu'il aura pleinement satisfait aux condamnations prononcées contre lui ; mais comme il ne fallait pas que le demandeur au possessoire , qui a triomphé, puisse paralyser indéfiniment l'exercice de l'action pétitoire du défendeur , le juge du pétitoire pourra, si la partie qui a obtenu les condamnations est en retard de les faire liquider, fixer pour cette liquidation un délai après lequel l'action au pétitoire sera reçue.

Ajoutons que l'art. 2060 du Code Napoléon soumet le défendeur qui a succombé à l'action en réintégrande, à la contrainte par corps impérative pour la restitution du fonds , celle des fruits perçus pendant l'indue possession, et le payement des dommages et intérêts adjugés au possesseur légal :

QUESTIONS.

I. En cas de conflit des lois de différents pays, la prescription libératoire est réglée d'après celle du domicile du débiteur.

II. Un tuteur dûment autorisé peut renoncer a une prescription commencée et non encore acquise.

III. La citation en conciliation est interruptive, quand elle est donnée dans une affaire que la loi ne soumet pas à cette formalité.

IV. Les instances, outre la prescription qui leur est propre, sont encore soumises à la prescription trentenaire.

V. Dans la prescription de dix ou vingt ans, c'est la résidence du propriétaire que la loi prend pour base du calcul.

VI. Les servitudes réelles continues et apparentes peuvent s'acquérir par dix ou vingt ans.

VII. Une universalité de meubles peut servir de base aux actions possessoires.

VIII. Les servitudes discontinues ou non apparentes ne peuvent pas donner lieu à une action possessoire.

IX. La possession doit être annale pour permettre d'intenter la éintégrande.

Vu par le Président de la thèse,
DE PORTETS.

Vu par le Doyen,
C.-X. PELLAT.